BEI GRIN MACHT SICH IHR
WISSEN BEZAHLT

- Wir veröffentlichen Ihre Hausarbeit,
  Bachelor- und Masterarbeit

- Ihr eigenes eBook und Buch -
  weltweit in allen wichtigen Shops

- Verdienen Sie an jedem Verkauf

Jetzt bei www.GRIN.com hochladen
und kostenlos publizieren

Bibliografische Information der Deutschen Nationalbibliothek:

Die Deutsche Bibliothek verzeichnet diese Publikation in der Deutschen National-
bibliografie; detaillierte bibliografische Daten sind im Internet über http://dnb.d-
nb.de/ abrufbar.

Impressum:

Copyright © 2012 GRIN Verlag, Open Publishing GmbH
Druck und Bindung: Books on Demand GmbH, Norderstedt Germany
ISBN: 978-3-668-09166-5

Dieses Buch bei GRIN:

http://www.grin.com/de/e-book/310418/experimente-und-kontrollgruppen-konzep-
te-ein-ueberblick

Anonym

Experimente und Kontrollgruppen-Konzepte. Ein Überblick

Definitionen, Bedingungen, Störfaktoren, Versuchsvarianten

GRIN Verlag

GRIN - Your knowledge has value

Der GRIN Verlag publiziert seit 1998 wissenschaftliche Arbeiten von Studenten, Hochschullehrern und anderen Akademikern als eBook und gedrucktes Buch. Die Verlagswebsite www.grin.com ist die ideale Plattform zur Veröffentlichung von Hausarbeiten, Abschlussarbeiten, wissenschaftlichen Aufsätzen, Dissertationen und Fachbüchern.

Besuchen Sie uns im Internet:

http://www.grin.com/

http://www.facebook.com/grincom

http://www.twitter.com/grin_com

Inhalt

I.   Executive Summary

The following term paper is about "Experiments and control groups". This method is one of many methods in applied social sciences which is used for data mining in empirical social research. With reference to this subject, the first two chapter of this term paper give a view of the definition and show some conditions, which have to be followed when implementing an experiment. For the implementation of experiments the examiner uses experimental subjects and divides them into two different groups which are, experimental and control groups.

However, in the third chapter some confounding factors are outlined. The confounding factors can lead to complications, this is why the examiner always tries to eliminate such factors. After having a detailed view of the subject, two different variants of experiments are described. These two variants are laboratory and field experiments. The main difference is that the laboratory experiment is implemented in an examination room and the opportunity of controlling the participants is given. In contrast, the field experiment is implemented in the natural environment of the participants. These methods will also be compared considering their positive and negative properties. In addition, the main advantage of a laboratory experiment is the high intern validity which also accounts for one of the main disadvantage of a field experiment.

The last chapter includes two popular examples: On the one hand the Stanford-Prison-Experiment realized by Philip Zimbardo in 1971 and on the other hand the Bystander-effect realized by John M. Darley and Bibb Latané in 1968. The two examples will be described and discussed in detail.

0. Einleitung

Die meisten Menschen würden sofort eine Antwort auf die Frage geben können, was genau ein Experiment ist. „Das ist ein Versuch, bei dem man was ausprobiert.", so würden es vermutlich viele formulieren, doch bei dem Begriff „Kontrollgruppen-Konzepte" würden sie eher ins Stolpern kommen und sich aus dem Zusammenhang eine Definition überlegen.

Jeder kann das Wort „Experiment" für sich definieren, zumal wir in jedem Lebensbereich auf solche stoßen. Ob in der Naturwissenschaft, in der Psychologie, im Marketing oder sogar im Alltag, überall kann man Experimente finden.

In meiner Hausarbeit besteht mein Hauptziel darin, die Bezeichnung „Experimente und Kontrollgruppen-Konzepte" zu konkretisieren. Ich möchte, dass die Leser am Ende meiner Hausarbeit eine eigene Meinung über Experimente haben. Zudem möchte ich, dass jeder sich die Frage stellt, ob und wann Experimente gemacht werden sollten und ob diese wirklich den Nutzen erbringen, welchen wir Menschen sehen möchten oder annehmen sehen zu wollen.

Im Ersten Abschnitt werden die Hauptbegriffe konkretisiert und definiert.

Nachdem diese Begriffe konkretisiert worden sind, werde ich in Abschnitt 2 und 3 auf Bedingungen, welche erfüllt sein sollten, wenn ein Experiment durchgeführt werden soll und einige Störfaktoren, welche das Experiment beeinflussen könnten, eingehen. Nach diesen drei Abschnitten, indem erst einmal der Grundstein zum Verständnis gelegt werden soll, werde ich mich in Abschnitt 4 auf zwei Versuchsvarianten spezifizieren. Diese zwei Versuchsvarianten sind zum einen das Laborexperiment und zum anderen das Feldexperiment. Diese Methoden werde ich durch das Veranschaulichen ihrer Vor- und Nachteile und mit Hilfe von Beispielen konkretisieren. Abschließend, gehe ich im letzten Abschnitt auf das Stanford-Prison Experiment und den Bysanter-Effect ein. Diese Beispiele haben die Sozialforschung geprägt und sind zwei Extremfälle.

1. Grundbegriffe und Definition

1.1 Definition des Begriffs „Experimente"

Laut Peter Atteslander ist es schwierig eindeutig zu bestimmen, wann von einem Experiment gesprochen werden kann. „Es ist sinnvoll, nur jene Untersuchung als Experiment zu bezeichnen, bei welcher ein Höchstmaß an Kontrolle der sozialen Situation vorliegt." (Peter Atteslander, Methoden der empirischen Sozialforschung: 165)

Zimmermann hingegen definiert den Begriff „Experimente" kurz und prägnant mit folgenden Worten: „Das Experiment verstehen wir als eine wiederholbare Beobachtung unter kontrollierten Bedingungen; dabei werden eine bzw. mehrere unabhängige Variablen so manipuliert, dass eine Überprüfungsmöglichkeit der zugrunde liegenden Hypothesen, d.h. der Behauptung eines Kausalzusammenhanges, in unterschiedlichen Situationen gegeben ist." (Zimmermann, 1972, S.37)

Diese Definitionen lesen sich erst einmal anders, aber im Kern beinhalten sie das Gleiche. Im folgenden Teil ist die Definition ausführlicher:

Ein Experiment ist eine Untersuchung mit dem Ziel Informationen zu erhalten. Experimente werden meist dann durchgeführt, wenn eine Hypothese existiert, welche man überprüfen möchte. Experimente können auch zu Entdeckungen führen. Das ist dann der Fall, wenn man einen Versuch durchführen wird, ohne vorher eine Hypothese festgelegt zu haben. In diesem Fall wäre das Ergebnis eine Überraschung. Um ein Experiment überhaupt durchführen zu können, bedarf es an bestimmen Faktoren. Mit bestimmten Faktoren sind unteranderem Beobachter/Versuchsleiter gemeint. Beobachter haben die Aufgabe, ihre Aufmerksamkeit dem Versuch zu widmen, d.h. das Experiment zu untersuchen. Damit der Beobachter seiner Aufgabe nachgehen kann, sind entweder Personen notwendig, die am Versuch teilnehmen oder ein Objekt, welches dann beobachtet werden könnte. Wenn das Experiment mit Personen vollzogen werden soll, so benötigt man eine Personengruppe, welche als Experimentalgruppe agiert und eine, welche als Kontrollgruppe agiert. Um einen Versuch durchführen zu können, braucht man natürlich auch einen Vorgang ggf. müssen Vorbereitungen wie der Aufbau des Experiments durchgeführt werden.

1.2   Definition der Begriffe „abhängige" und „unabhängige" Variable

In einem Experiment beobachtet man die abhängigen und unabhängigen Variablen. „Die abhängige Variable ist abhängig von der unabhängigen Variable.", so formulierten es die Sozialpyschologen Bibb Latané und John M. Darley im Jahre 1968 .

Die abhängige Variable, auch erklärte Variable genannt, ist die Variable die nicht verändert wird. Sie wird zu Beginn festgelegt und das Ziel ist es nun, die abhängige Variable zu untersuchen. Untersucht wird, ob die abhängige Variable sich verändert oder wie sich die abhängige Variable verändert, wenn man die unabhängige Variable, auch genannt erklärende Variable, variiert.

Um es genau zu verstehen, betrachten wir das ganze anhand eines simplen Beispiels: Es sind 2 Personen und ein kleiner Welpe in einer Wohnung. Der Welpe verhält sich ruhig und bellt nicht. Es kommen 3 weitere Personen in die Wohnung und der Welpe fängt an unruhig zu werden und bellt.

Das heißt, die Personen sind die unabhängigen Variablen. Man hat die Anzahl der Personen geändert bzw. variiert. Der Welpe ist die abhängige Variable. Er ist nach wie vor alleine und sein Verhalten verändert sich. Das Verhalten des Welpen sollte bei diesem Versuch untersucht werden. Dieses hat sich jedoch erst verändert, na chdem man die Personenanzahl (unabhängige Variable) aufgestockt hat.

1.3   Definition von „Experimental- und Kontrollgruppen"

Experimental- und Kontrollgruppen sind Bezeichnungen für die Versuchspersonen, die an einem Experiment teilnehmen. Es ist sinnvoll die Versuchspersonen in zwei Kategorien einzuteilen, damit man am Ende der Untersuchung die verschiedenen Resultate miteinander vergleichen kann. Das nachfolgende Beispiel soll als Hilfe zum Verstehen dienen. In diesem Beispiel wird noch einmal mehr deutlich, was in 1.2 und 1.3 definiert wird.

Vorbereitung:

Zwei gleich große Gruppen von Studenten werden gebildet, welche in etwa gleich starke Raucher sind. Zwei getrennte Räume werden organisiert und die Gruppen werden jeweils einem Raum zugeteilt. In beiden Räumen befinden sich Materialien wie Schreibutensilien, Getränke, Zigaretten, Aschenbecher und Feuerzeuge. Die Versuchspersonen werden nicht darüber in Kenntniss gesetzt, dass das Rauchen Teil des Experimentes ist, sondern werden im Glauben gelassen, dass das Lösen der mathematischen Aufgaben, welche sie erhalten werden, geprüft wird.

Die allgemeine Hypothese lautet:

„In Stresssituationen erhöht sich der Zigarettenkonsum."

Begriffserklärung:

Stress wird als Druck oder Belastung definiert. Wenn Stress vorliegt, dann liegt eine erhöhte Anspannung vor und jeder Mensch verbraucht mehr von seinen gelagerten Energien. In diesem Beispiel wird Stress durch das Lösen von bestimmten Aufgaben in einer bestimmten Zeit dargestellt.

Der Konsum von gerauchten Zigaretten wird an der Anzahl der gerauchten Zigaretten gemessen. Die unabhängige Variable ist in diesem Fall der Stress. Dieser soll vor allem stark auf die Experimentalgruppe einfließen. Die Kontrollgruppe soll weniger unter Stress leiden müssen. Der Zigarettenkonsum ist die abhängige Variable.

Die Prüfungshypothese lautet:

„In der Experimentalgruppe werden mehr Zigaretten geraucht als in der Kontrollgruppe."

Vorgang:

Die Studenten sind in den Räumen und bekommen die Aufgaben. Die Experimental- und die Kontrollgruppe erhalten die Aufgaben erst einmal zur Einübung, ohne weitere

Auflagen. Anschließend wird geprüft wie viele Zigaretten in jedem Raum konsumiert worden.

Nach einer kurzen Pause wird das Experiment erneut durchgeführt. Allerdings wird diesmal eine kleine Änderung vorgenommen. Die Kontrollgruppe erhält wieder Aufgaben zur Einübung, die Experimentalgruppe hingegen erhält Aufgaben mit einer zeitlichen Vorgabe.

Auswertung:

Am Ende des Experimentes werden alle konsumierten Zigaretten gezählt und es wird ermittelt, in welcher Gruppe wie viele Zigaretten geraucht wurden.

Resultat:

Wenn die Experimentalgruppe, welche unter Zeitdruck stand, d.h. den Einfluss von Stress unterlag, mehr Zigaretten geraucht hat, als die Kontrollgruppe, welche nur gering unter Stress gestanden hat, dann ist die Hypothese vorläufig bestätigt.

Dieses Beispiel soll unterstreichen, wie wichtig die Kontrollgruppe in einem Experiment ist. In einem Experiment ist es wichtig, die gewonnen Daten einmal mehr zu überprüfen, um die aufgestellte Hypothese richtig bestätigen zu können.

2. Bedingungen zur Durchführung von Experimenten

Um ein Experiment überhaupt durchführen zu können, müssen einige Bedingungen erfüllt werden.

Wie in 1.1 beschrieben, benötigt man zu Beginn der Untersuchung eine Hypothese, welche man mittels des Experimentes überprüfen möchte. Die Hypothese resultiert aus der Frage die man sich zuvor gestellt hat. Um die aufgestellte Hypothese, bei gegebener Bestätigung, zuverlässig prüfen zu können, ist die Operationalisierung eine weitere und sehr wichtige Bedingung. Neben diesen Bedingungen sind weitere Punkte ebenfalls nicht außer Acht zu lassen, denn selbst die Dinge, die einem nicht so bedeutungsvoll erscheinen, spielen eine große Rolle in einem Experiment. Dazu gehören die Zeitplanung und die Bestimmung des Ortes. Nachdem diese Bedingungen erfüllt sind, müssen Versuchspersonen bzw. Versuchsobjekte ausgewählt werden, da es ohne sie keine Variablen gibt. Um möglichst gute Ergebnisse zu erhalten, müssen mögliche Störfaktoren kontrollierbar sein und das Experiment könnte nach erfüllen dieser Bedingungen beginnen.

Weitere Bedingungen sind im Verlauf des Versuches die Messung bzw. das Erfassen der Daten und im Abschluss das Auswerten der Daten, sowie der Vergleich dieser mit den zuvor aufgestellten Hypothesen. Was dann folgt, ist abhängig von dem Erfolg des Experimentes.

3.   Einfluss von Störfaktoren

Jedes Experiment kann wohlmöglich auch „falsche" Resultate liefern. Man stellt sich die Frage, wie so etwas sein kann, wenn es doch auch mit Hilfe der Kontrollgruppen nocheinmal überprüft wird. Doch es gibt, wie auch in vielen Lebenssituationen, auch beim Experiment verschiedene Faktoren, die sogenannten Störfaktoren, welche die Versuchs- sowie Kontrollgruppen beeinflussen. In 1.1.3 kam ein Zitat von John M. Darley und Bibb Latané zur Sprache: ,,Die abhängige Variable ist abhängig von der unabhängigen Variable." Bedauerlicherweise sind Lebewesen beeinflussbar und somit könnte man den weisen Satz, der beiden damals noch jungen Psychologen, teilweise entkräften.

Es gibt eine Reihe von Störfaktoren, die einen enormen Einfluss auf die abhängige Variable haben könnten. Einige dieser Störfaktoren sind folgende:

Zwischenzeitliches Geschehen:

Wenn die abhängige Variable zwischenzeitlich von einem grausamen Verbrechen, beispielsweise einem Kindesmord gelesen oder gehört hat, so könnte es einen Einfluss hinterlassen haben und diesen Menschen dazu veranlassen aggressiver vorzugehen.

Reifungsprozesse:

Die abhängigen Variablen könnten auch ganz natürlichen Faktoren unterliegen. Normale Existenzbedürfnisse wie Essen und Trinken oder Schlaf. Wenn sie solche Bedürfnisse haben und sie nicht befriedigen, dann verändert sich das Verhalten der Versuchspersonen ebenfalls und könnte somit das Ergebnis verfälschen.

Hilfsmittel:

Es ist auch anzunehmen, dass das Verhalten der abhängigen Variable sich durch neu eingesetzte Hilfsmittel verändert. Mit Hilfsmittel sind folgende zu verstehen:

geänderte Testfragen

andere Atmosphäre, durch Nutzung von anderen Trinkbechern neue Gesichter, d.h. neue Versuchsleiter, Beobachter oder Interviewer

Verhalten der Versuchsleiter, ausgedrückt durch Gestig und Mimik

Verzerrte Auswahlen und Ausfälle:

Wenn die Verteilung der Gruppen nicht einigermaßen gleich, im Hinblick auf das Geschlecht sind, so wäre annehmbar, dass das Verhalten in einer Gruppe, in der Frauen dominieren, anders ist als in einer Gruppe, in der Männer dominieren. Zudem ist die psychische Belastbarkeit bei beiden Geschlechtern anders und es könnte zur Folge haben, dass einige Versuchspersonen bei einem langzeitigem Experiment, welches sich beispielsweise mit Serien wie „Akte XY" beschäftigt, kurzfristig aussteigen, weil sie die Grausamkeit nicht ertragen.

4. Versuchsvarianten

Es gibt verschiedene Varianten ein Experiment letztendlich durchzuführen, welche Methode am besten geeignet ist, kann hier nicht beantwortet werden. Verschiedene Faktoren spielen bei der Wahl der Methode eine große Rolle. Nicht jede Methode eignet sich für jedes durchzuführene Experiment. Im folgenden Teil der Hausarbeit, werden das Labor- und Feldexperiment näher beschrieben. Nach der Definition, dieser Methoden werden die Vor- und Nachteile spezifiziert. Im Anschluss wird die experimentielle Methode „Simulation" angeschnitten.

4.1 Charakterisierung von Laborexperimente

Das Laborexperiment ist eine Methode, die am gängigsten ist. Diese Variante wird, wie der Name schon beinhaltet vorallem in den Naturwissenschaften in einem Labor durchgeführt. Somit ist das Laborexperiment eine „künstliche" Situation. Die Umgebung wird von den Versuchsleitern und Forschern selbst festgelegt und nach ihren Vorstellungen gestaltet. Im Idealfall kennen sie die Einflussgrößen und können bei Problemsituationen direkt in das Geschehen eingreifen. Ein weiteres Merkmal für ein Laborexperiment ist, dass die Versuchspersonen nicht zufällig zusammengestellt werden, sondern durch Aufrufe aussortiert und ausgewählt werden.

4.1.1 Entscheidene Vorteile eines Laborexperiments

Das Laborexperiment liefert eine Reihe von Vorteilen, welche stark ins Gewicht fallen. Diese Methode zur Durchführung eines Experiments beansprucht weniger Zeit und weniger Kosten, als ein Feldexperiment . Die Begründung hierfür ist, dass bei einem Laborexperiment im Gegensatz zu einem Feldexperiment nicht nach einer passenden Umgebung recherchiert und diese ersteinmal umgestaltet bzw. eingerichtet werden muss. Der Hauptvorteil eines Laborexperiments ist die Kontrollierbarkeit. Da das Experiments in einem Untersuchungsraum durchgeführt wird, ist das manipulieren und kontrollieren der Versuchspersonen gegeben. Durch dieses hohe Maß an Kontrolle ist die interne Validität enorm hoch.

4.1.2 Entscheidene Nachteile eines Laborexperiments

Das Laborexperiment weist aber auch Nachteile auf. Ein entscheidener Nachteil ist die Künstlichkeit des Experiments. Die Forscher sind sich jener bewusst und streben es bewusst an, die Kontrolle zu haben um die interne Validität zu schaffen, doch es ist strittig ob die Ergebnisse Alltagstauglich sind. Die Versuchspersonen wissen, dass sie unter Beobachtung stehen und an einem Experiment teilnehmen, demnach ist in einigen Fällen davon auszugehen, dass die Realitätsnähe verloren geht. Hinzu kommt, dass die Versuchsteilnehmer im Kontakt mit dem Forscher stehen und durch das Auftreten beeinflusst werden können. Bestimmte Bewegungen, charakteristische Züge oder einfach nur das Erscheinungsbild könnten den Teilnehmer dazu verleiten anders als ursprünglich zu handeln.

4.2 Charakterisierung von Feldexperimenten

Das Feldexperiment ist das Gegenteil eines Laborexperiments. Es ist eine Variante, welche weit verbreitet ist und in vielen bereichen der Sozialwissenschaften angewandt wird. Sie findet anders als ein Laborexperiment nicht in einem Untersuchungsraum statt, sondern im natürlichen Umfeld der Versuchspersonen. Mit natürliches Umfeld, ist das Umfeld gemeint, welches für die Versuchspersonen als ihr Alltag angesehen wird. Bei dieser Methode wissen die Versuchspersonen zudem nicht, dass sie an einem Experiment teilnehmen.

4.2.1 Entscheidene Vorteile eines Feldexperiments

Das Feldexperiment lieft den großen Vorteil der realitätsnähe. Weil die Menschen nicht, wie in einem Labor in einer „künstlich" geschaffenen Umgebung sind, verhalten sie sich ganz normal ohne den Druck der Atmosphäre oder Versuchsleiter. Zudem sind bei dieser Variante der Datenerhebung komplexere Zusammenhänge leichter zu erforschen. Die externe Validität ist in diesem Fall sehr hoch.

4.2.2 Entscheidene Nachteile eines Feldexperiments

Ein Feldexperiment ist sehr aufwendig und kostenintensiv. Vorallem ist bei einem Feldexperiment anders als eine Untersuchung im Labor, keine hohe Kontrollierbarkeit gegeben. Da das Experiment im natürlichen Umfeld der Versuchspersonen durchgeführt wird, haben verschiedene Faktoren einen Einfluss. Diese Einfluss- bzw. Störfaktoren sind nicht oder kaum kontrollierbar. Das hat zur Folge das die interne Validität niedrig ist. Ein weiterer Nachteil dieser Methode ist, dass eine Wiederholung des Experiments unter exakt den gleichen Bedingungen kaum machbar ist.

4.3 Charakterisierung von Simulationsversuchen

Diese Methode der Datenerhebung ist eine Methode, die nicht in jedem Bereich angewandt werden kann. Man führt ein Experiment an einem Modell durch mit dem Ziel Daten über das reale System zu gewinnen. Eine Situation wird mit dem Hypothese „Als ob" durchgespielt. In der heutigen Zeit verwendet man bei dieser Methode ein entscheidenesHilfsmittel. Die Technik. Es ist nicht zwingend vorgeschrieben, dass man die Technik nutzen muss, aber es erleichtert natürlich vieles enorm.

Es gibt viele Gründe ein Experiment in Form einer Simulation durchzuführen, diese sind unteranderem folgende:

- Ein Experiment am realem System ist oft sehr aufwändig, teuer und zudem ethisch durch den Gefahrengrad nicht vertrettbar.

Die Begründung hierfür ist, dass beispielsweise in der Pilotenausbildung eine Ausbildung mit einem „echten" Flugzeug nach theoretischer Aufklärung zu gefährlich wäre. In der Flugsimulation werden Szenen nachgestellt, welche eintretten könnten. Dazu zählen unteranderem Triebwerkausfall oder Notlandungen. Diese Szenen „real" durchzuführen, hätte verherende Folgen.

Was die Kosten betrifft, wäre ein beispiel die Simulation von Fertigungsanlagen vor einem Umbau. Die Kosten, ohne eine Simulation, wären nicht tragbar. Bei eventuellen Änderungen müsste man die Anlage immer wieder umbauen und dazu müsste nicht nur Zeit sondern auch Kosten investiert werden. Bei Betrachtung der ethischen Bedenken, könnte das Beispiel einer medizinischen Ausbildung herangeführt werden. Wenn jeder Lehrling an Patienten das theoretische Wissen, ohne „praktische" Übung durchführen könnte, wäre es nicht in allen Fällen mit einem erfreulichen Ergebnis verbunden.

- Reproduzierbarkeit, Zeiteffizienz und genaue Datenbeschaffung.

Bei der Simulation ist die Reproduzierbarkeit ein entscheidener Vorteil. Zudem ist es mit Hilfe der heutigen Technik möglich in kürzester Zeit sehr genaue Ergebnisse/Werte zu erhalten und die unabhängige Variable beliebig oft zu ändern um andere Werte zu gewinnen. Mit dieser Methode wird auch an Zeit gespart und die Ergebnisse sind exakter, da die Technik sogar kleinste Werte erfassen und berechnen kann.

5. Beispiele von Experimenten und Kontrollgruppen

5.1 Stanford Prison Experiment

5.1.1 Entstehung des Experiments

1971 wurde unter der Leitung von Herrn Philip Zimbardo, einem Professor für Psychologie, ein Experiment durchgeführt, welches für zahlreiche Diskussionen sorgte. Es hinterließ einen so starken Eindruck, dass sogar 30 Jahre nach dem Experiment ein Film in Anlehnung zu diesem Versuch veröffentlicht wurde.

Dieses Experiment genannt „Stanford Prison Experiment" wurde in der Universität von Stanford durchgeführt . Es war ein aufwändiges Experiment, welches nicht nur Kostenaufwendig war, sondern auch starke Nerven forderte.

Das Hauptziel Zombardos lag darin, das menschliche Verhalten zu erforschen, aber nicht irgendein menschliches Verhalten, sondern menschliches Verhalten unter Bedingungen der Gefangenschaft. Heute wird das Experiment als Meilenstein angesehen.

Das Stanford Prison Experiment ist in die Kategorie Feldforschung einzustufen, d.h. unter Beobachtung und Befragungen im „natürlichen" Umfeld sollten empirische Daten gewonnen werden. Um dieses Ziel zu erreichen, wurde das Stanford Psychology Department (Gebäude in der Universität Stanford) in ein Gefängnis umgewandelt. Es sollte ein vollständiges Gefängisleben simuliert werden und dazu wurden aufwändige Vorbereitungen getroffen. Diese Vorbereitungen waren unter anderem das Anbringen von Kameras und Tonbandgeräten, welche gut versteckt wurden, damit man hinter den „Kullissen" alles verfolgen konnte und das Anwerben von Versuchspersonen. Die Versuchspersonen wurden nicht etwa auf den Straßen von Amerika gesucht, sondern wurden mit Hilfe einer Zeitungsannonce gewonnen. Diese Annonce richtete sich vorallem an Studenten. Da Studenten vorallem finanziell einen Bonus vertragen könnten, wurde ein Honorar in Höhe von $15 pro Tag, unter den Bedingungen der Gefangenschaft, aufgesetzt.

Das sprach viele Studenten natürlich an und es meldeten sich zahlreiche Studenten, um als Versuchsperson zu agieren. Da das Experiment wie bereits erwähnt Nerven kostet, mussten sich die Bewerber zu Beginn vielen Tests unterziehen. Man musste feststellen, ob sie belastbar sind und was sie bislang erlebt oder durchlebt haben. Nach vielen verschiedenen Persönlichkeitstests wurden letztendlich 24 Studenten zum Stanford Prison Experiment zugelassen.

5.1.2 Vorgang und Entwicklung des Experiments

Nachdem diese 24 Studenten auf ihre Belastbarkeit und anderen charakteristischen Merkmalen überprüft wurden, teilte man ihnen eine bestimmte Rolle zu. Einige wurden Wächter und andere Gefangene. Das geschah allerdings nach dem Zufallsprinzip. Die Studenten wussten zu dem Zeitpunkt noch nicht auf was sie sich eigentlich eingelassen hatten. Es gab zwar ein Honorar in Höhe von $15 Dollar, pro Tag in Gefangenschaft, doch ob sich diese Erfahrung für das Geld gelohnt hat bleibt fragwürdig.

Es wurde dem Ganzen noch die Krone aufgesetzt, als die Versuchspersonen überraschend aus ihrem alltäglichen Leben gerissen und quasi verhaftet wurden. Ein

Polizeiwagen fuhr zu den Studenten nach Hause und nahm diese wegen eines „Raubüberfalls" fest. Wie bei einer richtigen Verhaftung wurden Handschellen angelegt und Passanten sowie Nachbarn, welche nichts von der Teilnahme der Person an einem Experiment wussten, wurden neugierige Zeugen der simulierten Festnahme. Dieser Überraschungseffekt sollte die Versuchspersonen noch stärker in ihre eigene Rolle versetzten. Sie waren nun vollkommen irritiert, verängstigt und unsicher. Diese überraschende Festnahme unter diesen beängstigend echten Vorgehensweisen musste ersteinmal verarbeitet werden. Das konnten sie dann auch, als Gefangene nach Abgabe der Fingerabdrücke und Belehrung der Rechte in einer Arrestzelle. Kommunikationsmittel, eigene Bekleidungsstücke oder Uhren waren selbstverständlich nicht zulässig. Es sollte eine Atmosphäre wie in einem „echten" Gefängnis herrschen. Um diese Atmosphäre zu erschaffen wurden neben den Uhren auch die Fenster verbarikadiert. Die Versuchspersonen sollten nicht wissen, wieviel Zeit verstrich. Als die erste Phase des Experimentes ausgeführt war, musste nun Leben in den Versuch. Man wollte empirische Daten gewinnen, man wollte erforschen was genau passiert, man wollte beobachten wie sich die Menschen jetzt wohl verhalten und vor allem wollte man wissen, ob die Versuchspersonen 2 Wochen durchhalten.

Allerdings stellte man schnell fest, dass dieses Experiment keine 2 Wochen durchzuführen ist.

Nachdem die Wächter ihre Rollen angenommen hatten und die Gefangenen ebenfalls „echte" Gefangene wurden, änderte sich das Verhalten der Teilnehmer enorm.

Die Gefangenen wollten mit kuriosen Mitteln ihre Unabhängigkeit demonstrieren und befolgten die Anweisungen der Wächter nicht. Das gefiel den Wächtern natürlich nicht und diese entwickelten ihre eigene Bestrafungsmethoden. Sie nutzten ihre Macht als höher gestellte und hatten, was die Bestrafungen betrifft, auch Spielraum, was sie auch umzusetzten wussten.

Das Stanford Prison Experiment wurde nach 6 Tagen, statt geplanten 14 Tagen, abgebrochen.

Das Verhalten der Versuchspersonen war nicht mehr tragbar und man hatte die Befürchtung, dass weitere Tage in Gefangenschaft ernsthafte gesundheitliche Schäden bei den Teinehmern hinterlassen könnten. Vorallem die Gefangenen waren stark gefährdet, da diese Anzeichen von Depressionen zeigten.

5.1.3 Fazit

Es gab eine vielzahl an Kritik für dieses nicht typische Experiment, welches eigentlich eine Gefängnissimulation werden sollte, aber aus dem Ruder geriet.

„Wenn Sie in eine Position mit Macht kommen, dann kommen Sie in eine neue Situation. Sie sind nicht mehr der alte Mensch.", so äußerte sich der Leiter des Versuchs Philip Zimbardo zum wohlmöglich spektakulärsten Experiment der 70er Jahre.

Meiner Meinung nach ist es kein „normales" Experiment gewesen. Es gibt Bereiche in denen es sicherlich sehr interessant ist experimentiell an Informationen zu gelangen, jedoch sollte man gewisse Grenzen beachten und nicht überschreiten. In einigen Bereichen ist es angebracht keine Experimente durchzuführen und das Stanford Prison Experiment ist eines von den Versuchen, welche ich nicht gut heiße. Ich unterstütze die Meinung der APA , was die ethischen Bedenken des Experimentes betrifft, vollkommen. Vor Beginn des Experimentes hätte man die potenziellen Versuchspersonen über mögliche Risiken oder bleibende psychische Schäden informieren und das Einverständnis der Versuchspersonen einholen müssen. Zudem sollte man die Würde und die Entscheidungsfähigkeit des Menschen akzeptieren und respektieren. D.h. man hätte den Versuchspersonen das Recht geben sollen, jeder Zeit aus dem Experiment auszusteigen. Das war bei diesem Experiment nicht der Fall und auch wenn das Stanford Prison Experiment als „Meilenstein" in der Verhaltensforschung bezeichnet wird, halte ich es für gefährlich und heutzutage nicht mehr umsetzbar.

5.2   Der Bystander-Effekt

5.2.1   Entstehung des Experiments

Der Bysander-Effekt ist ein sehr interessantes Experiment, welches einen Menschen neugierig, aber gleichzeitig auch sehr nachdenklich macht. Die empirischen Daten, die aus diesem Experiment hervorgehen, sind erschreckend.

Dieser Versuch wurde von den damals noch jungen Psychologen John M. Darley und Bibb Latané durchgeführt. Die beiden Psychologen kamen aber nicht einfach so zu diesem Entschluss, ein solches Experiment durchzuführen, sondern wurden durch einen Mord auf die Idee gebracht.

Am 27. März 1964, druckten die Zeitungen die gleiche Schlagzeile „Mehr als eine halbe Stunde lang schauten 38 achtbare, gesetztestreue Bürger in Queens zu, wie ein Mörder eine Frau in Kew Gardens belästigte und auf sie einstach."

Diese Schlagzeile beschäftigte die Bevölkerung, aber nicht nur weil eine gerade mal 28 jährige junge Frau in dieser Nacht ihr Leben verlor, sondern weil soviele Zeugen das Geschehen beobachteten, die Hilferufe hörten und trotzdem keiner eingriff um zu helfen.

John Darley und Bibb Latané konnten nicht glauben, dass alle 38, eine so große Anzahl von Zeugen, einfach wegsahen und „schlechte" Menschen waren.

Sie stellten zwei entscheidene Hypothesen auf :

Die 1. Hypothese beinhaltete das Verantwortungsgefühl der Menschen.

„Je mehr andere Leute zugegen sind, desto weniger fühle ich mich in der Verantwortung, zu helfen."

Die 2. Hypothese bezog sich auf das Vertrauen des Einzelnen in sich selbst.

„Wenn die anderen nicht helfen, die vielleicht mehr wissen als ich, wird es sich wohl nicht um einen Notfall handeln."

Die Psychologen wollten diese Hypothesen überprüfen und mussten nun eine Situation schaffen, in der es darum ging Hilfe zu leisten.

5.2.2 Planungs- und Ablaufprozess des Experiments

Es wurden Studenten zum Versuch eingeladen, welche ihre alltäglichen Probleme als Studenten erzählen sollten. Die Teilnehmer sollten sich untereinander nicht sehen und wurden gebeten in Einzelkabinen Platz zu nehmen. Sie sollten auf keinen Fall in irgendeiner Weise durch das Verhalten eines anderen beeinflusst werden.

Sie bekamen Mikrophone und Kopfhörer und sollten mit diesen Kommunikationsmitteln an einer Gruppendiskussion teilnehmen, welche wie die Umstände schon zeigen, anonym ist. Es gab eine weitere Unterscheidung zwischen den Versuchsteilnehmern, welche auch eine große Rolle spielte.

Einigen Studenten wurde vor Beginn der Gruppendiskussion mitgeteilt, dass sie lediglich einen Disskussionspartner haben werden. Anderen Studenten wurde vor Beginn mitgeteilt, dass sie zu dritt sein würden und wieder anderen Studenten wurde wiederum mitgeteilt, dass sie zu sechst an der Diskussion teilnehmen würden. Als die Gruppendiskussion anfing, informierte der Versuchsleiter die Teilnhemer darüber, dass er sich aus der Unterhaltung ausklicken würde, damit sie entspannter miteinander reden können.

Gleich zu Beginn sprach ein junger Student, welcher von seinen Problemen berichtete, und erwähnte, dass er an epileptischen Anfällen litt, wenn er in Stresssituationen geriet. Nach einigen anderen Beiträgen folgte der simulierte Notfall und der Versuchsleiter stoppte die Zeit um zu erforschen, wie lange es dauern würde, bis wer zur Hilfe eilen würde.

85% der Versuchspersonen, welche die Information hatten, dass sie ein Zweiergespräch führen würden, eilten nach ca. 52 Sekunden zur Hilfe.

62% der Gruppe, welche glaubte zu dritt zu sein, eilten nach ca. 93 Sekunden zur Hilfe und letztendlich das erschreckenste Ergebnis:

Nur 31% der Versuchsteilnehmer, welche annahmen zu sechst zu sein, eilten nach über 2 Minuten zur Hilfe.

5.2.3 Fazit

Die Hypothesen sind bestätigt und auch weitere Kritik an dem Versuch, welcher als problematisch angesehen wurde, da die Psychologen auf „falsche" Zeitungsartikel reingefallen wären, scheint nicht berechtigt. Man hört immer wieder von unterlassener Hilfeleistung und der Hauptgrund ist, dass die Menschen in erster Linie Angst um ihr eigenes Wohlbefinden haben und somit anderen gerne den Vortritt lassen, wenn es wie bei der jungen Frau, die ein Opfer eines Mordes wurde, um Leben und Tod geht. Sie verlassen sich gerne auf andere und verstecken sich hinter ihren Nachbarn, welche auch wegschauen. Sie verunsichern sich gegenseitig und handeln nicht.

6.   Fazit und Kritik an Experimenten

Experimente sind sehr interessant und oft lehrreich. Jedoch sollte man nicht in jedem Bereich eine solche Methode zur Datenerhebung durchführen. „Harmlose" Experimente, die dem Menschen nicht schaden, sind meiner Meinung nach völlig in Ordnung. Schließlich streben wir Menschen nach Wissen und möchten für unsere Hypothesen Antworten finden. Wir beobachten und analysieren die Dinge und vergleichen die Resultate, welche aus dieser Beobachtung hervorgehen, mit unseren Vermutungen. Dieses Vorgehen ist normal und wird von jedem von uns mal durchgeführt. Im alltäglichen Leben vermuten wir auch manchmal, wie zum Beispiel, unser Partner/in auf einen neuen Haarschnitt reagieren wird und präsentieren anschließend unsere Haare. Dann vergleichen wir die Reaktion des Gegenübers mit unserer vorherigen Vermutung. Das ist vollkommen normal und vertretbar. In der Medizin werden auch Versuche durchgeführt, bevor ein neues Medikament zum Nutzen freigegeben wird. Die Risiken und Nebenwirkungen werden nach etlichen Forschungsschritten ermittelt und protokolliert. Auch dieses stößt bei mir auf Verständnis.

Was ich allerdings nicht vertreten kann sind Experimente, welche erhebliche Schäden bei Menschen hinterlassen könnten. Wie aus dem Stanford Prison Experiment hervorgeht, sind Experimente nicht in jedem Bereich gut, als empirische Methode zur Datenbeschaffung, geeignet. In solchen Fällen ist das Risiko, dass der Proband bleibende gesundheitliche Schäden davonträgt zu groß und das Risiko nicht zumutbar. Es ist noch hinzuzufügen, dass die Replizierbarkeit nicht gegeben ist. Nach so einer Erfahrung ist weder für den Leiter, noch für die Teilnehmer vertretbar, dass Experiment erneut mit anderen Probanden durchzuführen.

Im Großen und Ganzen kann niemand genau festlegen, wann es sich genau um ein gutes oder ein schlechtes Experiment handelt. Verschiedene Faktoren haben ihren Einfluss bei dieser Entscheidung und in jedem Bereich werden die einfließenden Faktoren anders gewichtet und berücksichtigt.

II.   Literaturverzeichnis

1. Atteslander, Peter „Methoden der empirischen Sozialforschung", 11.Auflage, Erich Schmidt Verlag GmbH & Co.,Berlin 2006; Seite 165-178

2. Aronson, Elliot & Wilson, Timothy D. & Akert, Robin M. (2008) „Sozialpsychologie" [Online]. Verfügbar auf :
http://books.google.de/books?id=iHITZoMKY_YC&pg=PA39&lpg=PA39&dq=sozialpsychologie+elliot+abh%C3%A4ngige+variable&source=bl&ots=yKXwdls-ju&sig=Pc2F5TEr9skFKvYckfYoElBjvPc&hl=de&sa=X&ei=ngilUJO1lI7ntQb11oG4BQ&ved=0CB8Q6AEwAA#v=onepage&q=sozialpsychologie%20elliot%20abh%C3%A4ngige%20variable&f=false (Gesehen am 08. November 2012)

3. Brüggemann, Michael und Seibold, Balthas (1999):
„Skript: Methoden und Techniken der Sozialforschung " [Online] Verfügbar auf:
http://download.webwort.de/soziologie_methoden_sozialforschung.pdf   (Gesehen 06.November 2012)

4. Ekert, Bärbel und Christina (2005,2010): „Psychologie für Pflegeberufe" ; Seite 16 [Online]. Verfügbar auf:
http://books.google.de/books?id=MeTSlABw8SAC&pg=PA16&lpg=PA16&dq=nachteile+feldexperiments&source=bl&ots=ZcpPGlgiQr&sig=jg6NEzsaW4n_Ovyh9PNdjws7wkl&hl=de&sa=X&ei=wWmpUMCaF4_TsgaHrYGlCQ&ved=0CFMQ6AEwBw#v=onepage&q=nachteile%20feldexperiments&f=false (Gesehen 10.November 2012)

5. Klumbies, Hans (2010) „Wissen 57, in 5 Minuten bestens informiert" [Online]. Verfügbar auf: http://www.wissen57.de/die-macht-verandert-den-charakter-des-menschen.html (Gesehen 18. Oktober 2012)

6. Klammer, Bernd (2005): „Empirische Sozialforschung: Eine Einführung für Kommunikationswissenschaftler und Journalisten"; Seite 279 [Online]. Verfügbar auf:
http://books.google.de/books?id=QTN0OQrCqcgC&pg=PA279&lpg=PA279&dq=k%C3%BCnstliche+situation+experiment&source=bl&ots=4d4cpt0sn-&sig=PSsyPVSSFnc2JGGk2h52FmS3HA8&hl=de&sa=X&ei=sl6oULzPM4aHswajmlC4Ag&ved=0CB8Q6AEwAA#v=onepage&q=k%C3%BCnstliche%20situation%20experiment&f=false (Gesehen 16.Oktober 2012)

7. Koppel, Hannes & Regner, Tobias (2012): „Forschungsbericht 2012–Max–Planck-Institut für Ökonomie." [Online]. Verfügbar auf:
http://www.mpg.de/466294/forschungsSchwerpunkt?c=147242 (Gesehen 01.November 2012)

8. Reuß, Torsten „Seminararbeit: Die interne und externe Validität von Laborexperimenten"; Seite 3-14 [Online]. Verfügbar auf: http://www.torstenreuss.bplaced.net/Laborexperimente.pdf (Gesehen 12.November 2012)

9. Schneider, Rato U. (2007): „Das Experiment -- Warum hilft niemand?" [Online] Verfügbar auf :
http://www.nzzfolio.ch/www/d80bd71b-b264-4db4-afd0-277884b93470/showarticle/b60f3f73-dfd5-4c77-9dff-0fc3a0d69e3e.aspx   (Gesehen Oktober & November 2012)

10. Taddicken, Monika (2010): „Feldexperimente in der empirischen Sozialforschung: Probleme und Lösunge an einem Beispiel aus der Umfragetheorie" [Online]. Verfügbar auf:
http://www.ssoar.info/ssoar/bitstream/handle/document/20506/ssoar-sofid-2010-methoden_und_instrumente_der_sozialwissenschaften_20101-taddicken-feldexperimente_in_der_empirischen_sozialforschung.pdf?sequence=1 (Gesehen 30.Oktober 2012)

11. Zimbardo, Philip Homepage (1999-2012) Verfügbar auf: http://www.prisonexp.org/deutsch/ (Gesehen Oktober und November 2012)